INTRODUCTION

AU SPHINX.

OUVRAGES DE L'AUTEUR.

Introduction à la Philosophie des Mathématiques (1811).
Résolution générale des Equations de tous les degrés (1812).
Réfutation de la Théorie des Fonctions analytiques de Lagrange (1812).
Philosophie de l'Infini (1814).
Philosophie de la Technie; 1re. Section, contenant la Loi suprème des Mathématiques (1815).
Idem; 2e. Section, contenant les Lois des Séries, comme préparation à la Réforme des Mathémathiques (1816 et 1817).

Ces Ouvrages et l'Introduction présente se trouvent chez MM. *Treuttel et Wurtz*, libraires, à Paris, rue de Bourbon, n°. 17; à Strasbourg, rue des Serruriers, n°. 3o; à Londres, Soho-Square, n°. 3o.

Et chez *Delaunay*, libraire, au Palais-Royal, à Paris.

INTRODUCTION

A UN OUVRAGE INTITULÉ

LE SPHINX,

ou

LA NOMOTHÉTIQUE SÉHÉLIENNE.

Par HOËNÉ WRONSKI.

אם תבקשנה תמצאנה

(Salomon.)

A PARIS,

DE L'IMPRIMERIE DE POULET,

QUAI DES AUGUSTINS, N°. 9.

Mars 1818.

INTRODUCTION

AU SPHINX.

Tout homme qui, dans l'histoire, a étudié les progrès de l'espèce humaine, et même tout homme capable de réfléchir sur ce sujet, lors même qu'il n'aurait fait aucune étude positive, reconnaîtra que, malgré la liberté qui caractérise notre espèce, ces progrès doivent être régis par des lois fixes et déterminées; car, dans le cas contraire, il n'y aurait pas de raison pour qu'ils se fissent de telle manière plutôt que de toute autre. Cette vérité étant établie, il ne faut qu'un peu de réflexion pour reconnaître de plus que ce grand développement de notre espèce n'est proprement rien autre que le DÉVELOPPEMENT DU SAVOIR HUMAIN : en effet, toutes les actions des hommes, pragmatiques (*) et morales, dépendent manifestement, en principe, de l'état de leur savoir; les causes étrangères à ce savoir, ne sont, pour leurs actions, que des motifs accessoires.

Or, ce développement progressif du savoir humain, régi par des lois fixes et déterminées, ne peut être qu'une ascension continue et successive vers des principes de ce savoir, de plus en plus élevés. Ainsi, à chaque échelon, tout le savoir humain, étant déduit des principes correspondans à ce degré de progression, prend une forme nouvelle, un caractère propre, et une

---

(*) Nous attachons ici au mot *pragmatique* la signification originaire de *ce qui est fait en vue d'un but.*

sphère d'application de plus en plus étendue ; et réciproquement, toutes les actions humaines, à chaque fois, s'adaptent à ces vues nouvelles, et sont dirigées par ces règles progressives. Il en résulte que, dans les diverses périodes du développement de l'espèce humaine, des buts différens, auxquels se trouvent successivement subordonnées toutes les actions des hommes, sont établis et considérés comme termes de la grandeur humaine. C'est en effet de cette manière que, d'abord, le culte raffiné du bien-être physique, sur-tout dans l'amour du sexe, fut le terme de grandeur chez les Egyptiens et dans tout l'Orient ; qu'ensuite, la justice, et l'héroïsme nécessaire pour la réaliser, le devinrent chez les Grecs et les Romains ; que, de nouveau, la pureté des maximes morales et le refuge en Dieu devinrent le terme de grandeur chez les Chrétiens ; et qu'enfin, depuis la Réformation, la certitude du savoir, ou la réalité physique dont dépend encore cette certitude, est devenue le terme de grandeur chez les sociétés civilisées de nos jours. — Pour peu que l'on parcoure l'histoire, on reconnaît facilement ces buts successifs vers lesquels, DANS QUATRE PÉRIODES, étaient dirigées toutes les actions humaines ; et l'on peut même suivre la transition insensible dans l'établissement progressif de ces buts.

Rendus attentifs à cette marche, et fixant bien le caractère du but dominant de nos jours, il nous sera facile, non seulement d'expliquer tous les évènemens sociaux qui sont arrivés depuis la Réformation, époque où commence cette dernière période, mais de plus d'en prévoir la suite, et de signaler les périodes à venir dans lesquelles doit s'achever le développement de l'espèce humaine. — Nous nous bornerons ici à cette dernière considération.

Le caractère propre du but vers lequel tendent toutes les actions des sociétés civilisées de nos jours, est manifestement la certitude du savoir relative à notre existence actuelle ou physique, ou, ce qui est la même chose, la réalité matérielle qui, comme cette existence, a lieu sous les conditions du temps et de l'espace. — Ainsi, cette réalité RELATIVE à notre existence physique étant le terme suprème de la tendance présente de l'humanité, tout ce qu'il y a d'ABSOLU chez les hommes, dans leur savoir, dans leur sentiment et dans leur volonté, est banni de leurs considérations, ou du moins dédaigné dans les motifs de leurs actions. De-là vient que, dans l'Europe présente (*), la certitude absolue du savoir, spécialement dans les vérités philosophiques; l'autorité politique absolue, dans les relations intérieures des Etats; la suprématie spirituelle, ou la direction absolue de la religion; et même l'infini ou l'absolu idéal dans les produits des beaux-arts; sont, non seulement méconnus, mais de plus repoussés sciemment, par une prétendue force de l'esprit humain. Au contraire, les intérêts individuels, chez les nations et chez les particuliers, s'établissent de plus en plus fortement sous cette domination de la pure réalité relative; et, comme ces intérêts individuels n'ont en eux-mêmes aucun lien, aucune unité, précisément parce qu'ils excluent l'universalité de la réalité absolue, leur choc devient de plus en plus manifeste, rend de plus en plus critique la position de l'Europe, et menace très clairement de leur destruction les sociétés de nos jours.

Heureusement, cette certitude du savoir, relative à notre existence physique, qui domine présentement comme réalité matérielle du monde, ne peut se suffire à elle-même; et, par sa propre tendance, cette certitude purement relative aboutit à un scepticisme tout à la fois désolant et salutaire, en ce qu'il découvre à l'humanité son néant actuel, et qu'il la presse ainsi de porter plus loin les limites de son savoir, pour échapper à la ruine qui l'attend. Ce fut Hume qui, le premier, sentit vivement ce nécessaire scepticisme, en reconnaissant que ce que l'on nomme dans l'école loi de causalité, c'est-à-dire, la relation des causes et des effets, sur laquelle précisément se trouve fondée la certitude

____

(*) Nous nous bornerons ici à considérer les sociétés civilisées de l'Europe, les autres n'en étant que des colonies ou des imitations.

relative du savoir ou la réalité physique dominant de nos jours, n'avait, jusqu'à ce moment, aucun fondement solide et inébranlable. Et alors, la tendance générale vers la certitude du savoir, qui, dans cette dernière période du développement de l'humanité, lui avait déjà donné une impulsion vers la suprématie de la vérité, ne pouvait manquer, pour remplacer cette défectueuse certitude relative par une certitude parfaite ou absolue, de prendre la direction précise et déterminée vers l'Absolu lui-même. Ce fut Kant qui, dans son Criticisme, ouvrit cette précise et sublime tendance de l'humanité vers l'Absolu, en fixant, pour critérium de la vérité, le caractère de NÉCESSITÉ; et ce furent les écoles subséquentes, engendrées par cette réforme philosophique, principalement les écoles de Fichté et de Schelling, qui établirent définitivement cette grande tendance, dont la réalisation, si elle a lieu, règlera dorénavant les destinées de la Terre.

Dans cette tendance suprème, la réalité de l'Absolu n'est manifestement encore qu'un objet du SENTIMENT; mais, telle qu'elle est, cette réalité étant appliquée aux actions humaines, ne laisse pas que d'introduire déjà, dans ces actions, un caractère d'universalité et une réalité absolue correspondante. Tels sont, en effet, les changemens salutaires qui ont été opérés dans la religion, la morale, la politique, et même dans les sciences, par la grande réforme philosophique que nous venons de signaler. — Quant au caractère moral des hommes, son énergie s'est développée parallèlement à ces grands résultats; et l'on sait que c'est principalement par ce caractère nouveau, fondé sur cette nouvelle réalité de l'Absolu dans le sentiment, et manifesté jusque dans la fameuse Ligue de la Vertu (*Tugend-Bund*), alors protégée par les gouvernemens, que l'Europe a été libérée du fléau désastreux suspendu sur elle par la monarchie universelle de Napoléon (*). Sans doute l'influence de la

---

(*) Napoléon, à son retour de Moscou, n'avait pas tort, dans son discours au Sénat, de se récrier principalement contre l'influence de l'idéologie, en donnant à ce mot l'acception que nous venons de lui assigner indirectement.

Russie, l'héroïque sacrifice de Moscou et l'invincible force des armées russes, ont décidé ce glorieux (*) sort de l'Europe; mais l'enthousiasme des Germains, provenant de leur nouveau caractère moral, s'était communiqué à toutes les armées alliées, et guidait ainsi, plus ou moins, toutes leurs bannières. Peut-être même, si nous ne nous trompons, les véritables motifs, ostensibles ou secrets, qui postérieurement ont porté les monarques à former leur Sainte Alliance, pour préserver l'Europe de la destruction dont elle est menacée, sont puisés principalement dans les grands résultats philosophiques que nous venons de signaler, et sur-tout dans leur principe, dans la réalité de l'Absolu, établie déjà dans le sentiment comme aurore d'un nouveau savoir.

Mais, cette réalité purement sentimentale de l'Absolu dans la nouvelle tendance de l'humanité, ne diffère guère du simple PRESSENTIMENT de l'Absolu qui servait de base à la religion chrétienne, du moins dans sa pureté primitive; et de-là vient aussi ce retour manifeste, direct ou indirect, au catholicisme, parmi les grands hommes qui se trouvent à la tête de la nouvelle impulsion. Cette réalité purement sentimentale ne diffère, en effet, de l'ancien pressentiment religieux qu'en ce qu'aujourd'hui ce sentiment réel doit, du moins d'une manière régulative ou plutôt poétique, servir de principe au développement du savoir; tandis que jadis le pressentiment de l'Absolu dans le christianisme ne pouvait servir de principe qu'au développement de seules vérités morales, et que même il était une barrière contre le développement des vérités spéculatives, afin d'empêcher l'impiété de saper les fondemens de la religion; comme cela arriva lorsque ce pressentiment fut éteint dans le cœur humain, ou plutôt remplacé par la tendance vers la certitude, qui, depuis la Réformation, a dominé dans cette dernière période. Ainsi, cette réalité purement sentimentale de l'Absolu

____

(*) La France, pour le moins, partage ce sort glorieux.

dans la nouvelle tendance, quoique utile à certains égards, ne présente guère qu'un refuge momentané au milieu du danger imminent; comme jadis le pressentiment de l'Absolu dans le christianisme a fourni un refuge contre l'anarchie et les passions qu'elle avait engendrées. En effet, cette nécessité sentimentale de l'Absolu ne saurait soutenir la critique conforme à la grande impulsion de l'humanité vers la certitude, dont elle est elle-même le premier fruit; parce que, n'étant pas un objet du savoir, elle ne peut être fondée scientifiquement et se légitimer ainsi dans la direction même de cette impulsion vers la certitude. Elle n'est donc que tolérée, pour éviter en quelque sorte le désespoir sur la réalité de notre savoir; ou plutôt, elle ne forme proprement qu'une TRANSITION à un nouvel ordre du savoir humain.

Ce nouvel ordre, tel que nous pouvons déjà en fixer l'idée par ce que nous venons d'apprendre, consisterait dans une réalisation SCIENTIFIQUE de l'Absolu, en le rendant OBJET DU SAVOIR. Alors on aurait, non seulement un principe régulatif ou poétique, comme il se trouve dans la simple tendance, mais de plus un véritable principe déterminatif et scientifique pour la déduction des vérités de tous les ordres, immanentes et même transcendantes. — Cet idéal, tranchons le mot, est le dernier but de l'humanité, le terme auquel doit arriver la Terre pour donner le fruit de sa création. Alors seulement nos destinées éternelles seront connues, et nous aurons atteint le bien infini d'une existence absolue.

Dans cette vue idéale, qui néanmoins devient indispensable au point où se trouve l'humanité, deux périodes consécutives se présentent naturellement. — Dans la première, il suffira d'établir scientifiquement la RÉALITÉ de l'Absolu, en la rendant objet du savoir; dans la seconde, on désirerait connaître ainsi, non seulement la simple réalité de l'Absolu, mais l'ABSOLU lui-même. — Nous allons jeter un coup d'œil rapide sur cet important avenir de l'humanité, que l'on peut considérer comme l'*ère de l'Absolu*.

Dans la première de ces deux périodes, dans celle où dominera la RÉALITÉ OBJECTIVE (*) de l'Absolu, la recherche de la Vérité, ou de l'Absolu lui-même, deviendra naturellement le but suprême des actions humaines. En effet, la réalité de l'Absolu se trouvant établie scientifiquement, comme véritable objet du savoir, avec une conscience générale ou populaire, tous les autres buts des actions humaines tomberont par eux-mêmes, et se trouveront nécessairement subordonnés à cette suprême réalité ; parce que, n'ayant en eux-mêmes aucune valeur absolue, ces divers buts ne peuvent précisément en recevoir que par la connaissance de l'Absolu, de sorte que cette connaissance ou la RECHERCHE DE LA VÉRITÉ, devenant la condition de la validité de tous les autres buts des actions humaines, deviendra nécessairement le BUT SUPRÊME de ces actions. — De plus, dans cette première période de l'ère nouvelle, la réalité purement subjective de l'Absolu, qui était impliquée dans le sentiment manifesté par la tendance vers l'Absolu, et qui, même comme pressentiment, était déjà la base de la religion, et spécialement de la religion chrétienne, cette réalité purement subjective, disonsnous, se trouvant alors élevée scientifiquement à une véritable réalité objective, dans le domaine du savoir, portera parallèlement la religion de CROYANCE à la hauteur d'une véritable religion de CONVICTION. Et observant que, dans nos facultés, le savoir acquis est notre propre ouvrage, et qu'au contraire le sen-

____

(*) Pour bien distinguer cette réalité de l'Absolu qui sera établie scientifiquement comme objet du savoir, nous la nommerons réalité *objective* ; et réciproquement, pour distinguer celle qui se trouve impliquée, pour ainsi dire, poétiquement dans notre sentiment manifesté par la tendance vers l'Absolu, nous la nommerons réalité *subjective*. — Cette dernière, la réalité subjective, comme nous l'avons déjà vu plus haut, ne fournit qu'un principe *régulatif* ou poétique pour le développement de notre savoir ; la première, au contraire, la réalité objective, fournit un principe *déterminatif* ou scientifique pour ce grand développement du savoir humain.

timent est en nous l'ouvrage d'autrui, du Créateur, parce que nous n'avons point la conscience propre du sentiment, on verra que l'ancienne religion chrétienne, comme fondée sur le seul sentiment de l'Absolu, n'était qu'un don du Créateur, une religion RÉVÉLÉE, tandis que la nouvelle religion, comme fondée sur le savoir, sera notre propre ouvrage, une religion PROUVÉE (*). — En conséquence, pour distinguer cette nouvelle religion chrétienne, car elle ne sera qu'un développement scientifique de l'ancien christianisme (**), de cette seule véritable et parfaite religion révélée divine, et pour lui conserver le caractère sacré de cette antique religion divine dont elle dérive, il conviendra, si on le juge assez important, de la qualifier du nom de *religion séhé-lienne* ou de *séhélianisme*, en prenant le mot שכל (raison) dans la langue hébraïque ou sacrée.

Ainsi, le but suprème de la première période à venir se trouvant fixé dans la recherche de la Vérité, et de plus une anticipation réelle sur la Vérité absolue se trouvant déjà établie dans la religion séhélienne, tous les autres buts des actions humaines ; dans cette période, seront subordonnés à ce but suprème et à cette anticipation réelle de l'Absolu, suivant des lois précises et déterminées. En effet, la société humaine et l'ordre qui en est l'objet, deviendront, plus que jamais, les conditions indispensables de ce nouveau développement de l'humanité ; de sorte que l'ordre politique, l'ordre moral, l'ordre économique, et sur-tout l'ordre philosophique, s'établiront, dans la vue du but suprème, sur les bases fixes et précises que nous allons poser.

(*) Il ne faut pas confondre cette dénomination de *religion prouvée* avec celle de *religion naturelle*, qui est une contradiction, une absurdité introduite par les philosophes de la dernière période, pour masquer leur impiété.

(**) « Paracletus autem Spiritus Sanctus, quem mittet Pater in nomine meo, » ille vos DOCEBIT omnia, et SUGGERET vobis omnia quæcumque dixero vobis. »

JÉSUS.

En premier lieu, pour ce qui concerne l'ordre politique, les relations intérieures et les relations extérieures des Etats seront dirigées uniquement vers la SURETÉ PUBLIQUE, la garantie des droits, considérée comme moyen, ou comme condition négative de l'obtention du but suprème, de la recherche de la Vérité. — En conséquence, dans les relations intérieures des Etats, une autorité souveraine ABSOLUE, établie par la grâce de Dieu, en vertu de l'anticipation réelle de l'Absolu dans la religion, et non une autorité purement conditionnelle, établie sur un contrat social prématuré, sera de nouveau instituée universellement; et de plus, la soumission à cette autorité absolue sera considérée comme un titre de gloire, et, comme telle, sera agréée par tous les membres des Etats. Car, jusque alors, c'est-à-dire, avant la découverte et l'établissement de la Vérité absolue, de ce motif infaillible du bien, une autorité souveraine purement conditionnelle, en vertu d'un contrat social, n'aurait aucune garantie supérieure; et l'anarchie résultante saperait jusque aux fondemens du but suprème de l'humanité. Mais, tout ayant lieu en vertu de ce but suprème, l'autorité souveraine elle-même ne sera proprement absolue qu'autant qu'elle sera dirigée vers cet unique but de l'humanité; et pour cela, la garantie des droits des hommes, la LIBERTÉ POLITIQUE, déclarée dans une constitution, autant que l'exercice de ces droits sera nécessaire et conforme au grand but, deviendra l'unique règle de l'autorité souveraine. — De même, dans les relations politiques extérieures, les Etats ne pourront encore stipuler une véritable fédération; parce que, jusque-là, avant la découverte et l'établissement de la Vérité absolue, aucune garantie suffisante de cette confédération des Etats ne sera possible. Cependant, pour conserver l'ordre, pour prévenir les suites désastreuses d'une monarchie universelle ou même d'une simple suprématie politique, qui pourrait pervertir le but absolu de l'humanité, les Etats se disposeront déjà vers leur fédération définitive par une préparation positive de cette fédération, par une FÉDÉRALITÉ consistant dans l'établissement, pour leurs relations réciproques, d'une autorité au moins idéale, conforme en tout au grand but de l'humanité. Cette autorité idéale, pour laquelle la Raison sera l'unique garantie, pourra même, afin d'être rendue plus efficace, se constituer ostensiblement dans une Sainte Alliance des Etats. Mais, précisément parce que la Raison en sera l'unique garantie, cette alliance ne sera sainte qu'autant qu'elle sera dirigée vers l'obtention du but suprème de l'humanité ; et, pour cela, le respect des droits des nations, l'indépendance des Etats, stipulés dans les traités, autant que l'exercice de ces droits sera nécessaire et conforme au grand but, deviendra l'unique règle de cette autorité fédérale.

En second lieu, pour ce qui concerne l'ordre moral, il faut savoir que la réalité objective de l'Absolu, qui dominera dans la première période dont il s'agit, suffit déjà pour établir péremptoirement, suivant des principes scientifiques abolus, la certitude infaillible du Vrai et du Bien. Or, étant considérés moralement, le Vrai devra être réalisé dans la pureté de nos maximes, et le Bien dans la félicité des hommes. Chez les schéllens, servant de modèle à toutes les autres corporations religieuses, la première réalisation, celle du Vrai dans la pureté de nos maximes, sera, au moyen de la vertu, l'objet ou du moins le terme idéal de la Morale proprement dite ; et la seconde réalisation, celle du Bien dans la félicité des hommes, sera, au moyen de la charité, l'objet ou du moins le terme idéal de la nouvelle Eglise (*). Ainsi, la dernière de ces réalisations, l'Eglise, aura pour véritable objet l'affranchissement de l'humanité des fins relatives ou terrestres, passagères ou périssables ; et la première de ces réalisations, la Morale, aura pour véritable objet le développement et l'établissement, dans l'âme humaine, des fins absolues ou célestes, éternelles ou impérissables. — De plus, l'une et l'autre de ces réalisations morales, du Vrai et du Bien, formeront, chez

---

(*) Par l'Eglise on entend ici la société morale établie parmi les hommes qui professent une même religion, et spécialement la religion chrétienne.

les séhéliens, une préparation religieuse, pour se rendre dignes de la béatitude que, déjà sur la Terre, les hommes pourront anticiper par l'adoration de Dieu, et spécialement par l'adoration dont la réalité absolue se trouvera établie scientifiquement dans le séhélianisme. Et, comme le Vrai et le Bien se neutralisent dans le sentiment du BEAU, qui devient ainsi une preuve matérielle de la réalité de Dieu, cette adoration religieuse absolue, le CULTE SÉHÉLIEN, consistant manifestement dans la sanctification de nos sentimens, s'exercera, autant que cela sera conforme à la dignité de la religion, par l'usage des beaux-arts, dans toutes leurs ramifications. — Quant aux relations religieuses, et nommément du séhélianisme, soit avec les Etats, soit avec l'ancienne religion chrétienne, voici les bases spéciales sur lesquelles elles seront fondées. — D'abord, pour ce qui concerne la dépendance politique, le séhélianisme, n'étant encore qu'une anticipation sur l'Absolu, et non déjà une connaissance définitive de l'Absolu lui-même, doit être subordonné au but suprême de l'humanité, dominant dans cette première période, et consistant précisément dans la recherche de la Vérité absolue; ainsi, l'autorité politique, se trouvant instituée pour la garantie de l'obtention de ce but suprême, doit s'étendre jusque sur le séhélianisme, dans tout ce qu'il est de TEMPOREL, tel que l'établissement, la propagation, et généralement l'exercice extérieur de cette religion absolue. Mais, comme anticipation réelle et scientifique de l'Absolu, le séhélianisme, lorsqu'il sera protégé par la politique, devra, plus encore que les religions purement sentimentales, être respecté dans son SPIRITUEL, dans la liberté des consciences : bien plus, par la raison de cette anticipation supérieure, le degré de respect pour le séhélianisme deviendra la mesure du degré d'intensité dans la vraie tendance politique. — Ensuite, pour ce qui concerne les relations avec les anciennes religions, le séhélianisme, n'étant qu'un développement scientifique de la religion chrétienne, de cette véritable religion révélée divine, qui est déjà fondée sur le sentiment de l'Absolu, devra s'enter sur le christianisme, s'établir avec son autorisation, et ne s'exercer que sous l'autorité canonique des chefs du christianisme. Les dogmes de la religion chrétienne, et principalement celui de la DIVINITÉ DE JÉSUS, qui, comme simples manifestations du sentiment, et par conséquent comme simples objets de la croyance, de la foi, sont jusqu'à ce jour demeurés MYSTÈRES, recevront dans le sébélianisme une interprétation scientifique, et deviendront ainsi OBJETS ÉVIDENS du savoir (*). Mais, pour parvenir à cette élévation scientifique, une culture intellectuelle sera toujours indispensable; de sorte que toutes les classes de la société et les hommes de tous les âges ne pourront, sur-le-champ, prendre part au sébélianisme: il faudra, par cette culture intellectuelle, s'élever du simple sentiment religieux, de la croyance, jusqu'au savoir religieux, à la conviction. Ainsi, les classes inférieures de la société et la jeunesse de toutes les classes, en se fondant sur le sentiment de l'Absolu, professeront d'abord l'ancien christianisme, comme introduction à la religion absolue; et les classes supérieures, ou les hommes cultivés, qui parviendront à élever ce sentiment jusqu'à la hauteur du savoir, professeront ensuite cette religion absolue elle-même, le sébélianisme, comme complément ou couronnement du christianisme. Et alors, cette religion divine sera respectée: elle deviendra infaillible, et par conséquent impérissable.

En troisième lieu, pour ce qui concerne l'ordre économique, on sait déjà que le travail, comme condition de l'acquisition des biens physiques, constitue proprement leur valeur industrielle. Mais il faut ici remarquer que le sentiment de peine, qui se trouve attaché au travail et qui nous pousse à l'éviter, indique déjà, par une espèce de finalité du monde, que cette production des biens physiques ou du bien être qui en dépend, n'appartient pas aux fins absolues de l'homme; et de plus, que la

----

(*) « Cùm autem venerit paracletus, quem ego mittam vobis à Patre, Spiritum VERITATIS, qui à Patre procedit, ille testimonium perhibebit de me. »
JÉSUS.

productivité du travail, toujours par finalité du monde, est telle
que l'homme peut satisfaire à ses besoins physiques par une
seule partie du travail total dont il est capable. Cette dernière
circonstance sur-tout indique, chez l'homme, une vocation supérieure à sa pure existence physique, vocation pour laquelle précisément il lui reste une partie de son loisir. — Or, dans la
première période de l'ère nouvelle, cette vocation supérieure de
l'homme consistera dans la recherche de la Vérité ; et par conséquent, l'augmentation générale du loisir disponible pour cette
vocation deviendra alors, d'une manière manifeste, non seulement une condition positive de notre bien-être physique, comme
on l'a considérée jusqu'à ce jour, mais de plus la condition négative pour l'obtention même du but suprême de l'humanité. Et,
comme telle, cette augmentation indéfinie du loisir humain ou
économique se rangera dorénavant, d'une manière bien positive,
parmi les droits publics, dont la garantie appartient à l'autorité
politique. — Quant aux moyens propres à opérer cette augmentation du loisir humain, ils consistent clairement dans l'augmentation de la productivité du travail industriel. Mais, tous les élémens et toutes les circonstances de cette productivité industrielle
pouvant être calculées rigoureusement, par des procédés mathématiques, on ne s'avisera plus de prescrire des mesures économiques POSITIVES que dans le seul cas où ces mesures seront au
préalable fondées mathématiquement (*). Lorsque les résultats
économiques n'auront pas ainsi une garantie scientifique par des
calculs rigoureux, soit par défaut de formules mathématiques qui
ne seront pas encore connues, soit par défaut de données statis-

____

(*) En conséquence, on doit beaucoup encourager cette application des
Mathématiques aux sciences économiques, pour obtenir les formules nécessaires et pour fixer les véritables données statistiques. L'Institut de
France, en a donné l'exemple en couronnant [...] un ou-
vrage pareil de M. Canard. Mais ce n'est qu'une ébauche et il faut ici
une doctrine complète, un système achevé et susceptible d'application.

tiques requises que l'on ne pourra encore se procurer, les mesures économiques ne devront être que NÉGATIVES, c'est-à-dire, telles qu'elles se borneront alors à assurer le libre développement de l'industrie, en se fondant sur la finalité très probable que les intérêts individuels doivent ici, sinon concourir directement, du moins n'être pas opposés à l'intérêt public.

En quatrième et dernier lieu, pour ce qui concerne l'ordre philosophique qui se rattachera immédiatement au but suprème dominant dans cette première période à venir, il faut, pour en poser les bases, distinguer les connaissances nécessaires à la gestion des affaires publiques, de celles qui n'ont en vue que la seule Vérité, sans présenter aucune application immédiate aux quatre ordres de relations sociales que nous parcourons, et dont la garantie appartient à l'autorité politique. Nous nommerons, pour cela, les premières, *connaissances politiques;* et les dernières, *connaissances philosophiques* proprement dites. — Or, vu la nécessité d'une autorité absolue dans l'ordre politique pour la garantie de tous les ordres sociaux, les connaissances politiques, qui ont pour objet cette garantie, devront dépendre entièrement de l'autorité souveraine, tant dans leur publication que dans leur propagation. Et réciproquement, vu la suprématie du but dominant dans cette première période, et consistant précisément dans la recherche de la Vérité, les connaissances philosophiques devront, dans leur production et leur reproduction, publiques et privées, être entièrement indépendantes de l'autorité politique; parce que cette autorité elle-même n'existera que pour le libre développement de ces connaissances, formant le but suprème de l'humanité. Ainsi, la fameuse question sur la liberté de la presse, se trouvera résolue très facilement : en effet, tout ce qui tiendra aux connaissances politiques, pourra, suivant les circonstances, être mis sous la censure des gouvernemens; mais tout ce qui tiendra aux connaissances philosophiques proprement dites, tant dans les sciences que dans la philosophie, ne pourra, sans une perversion du but de l'humanité, ne pas jouir d'une liberté absolue de la presse. Cependant, une libéralité plus ou moins grande dans la censure politique, sera toujours le critérium d'une droiture plus ou moins grande dans la tendance de l'autorité souveraine. — Quant au développement de ces diverses connaissances, les moyens nécessaires concerneront naturellement leur production, par des DÉCOUVERTES, et leur reproduction, par l'INSTRUCTION. Ici de nouveau, tout ce qui tiendra au developpement des connaissances politiques, sera régi POSITIVEMENT par les gouvernemens : ainsi, la reproduction de ces connaissances déjà développées, par l'instruction, deviendra l'objet exclusif des ÉCOLES UTILES, dans lesquelles le mode et même l'objet précis de l'enseignement seront fixés par les gouvernemens ; et la production de ces connaissances encore non développées, par des découvertes, deviendra l'objet exclusif des CORPS SAVANS, du moins pour constater ces découvertes, et pour empêcher l'établissement de l'erreur. Et réciproquement, tout ce qui tiendra au développement des connaissances philosophiques proprement dites, ne pourra être influencé que NÉGATIVEMENT par l'autorité politique, pour préparer les moyens nécessaires à ce développement, et sur-tout pour ôter les obstacles qui peuvent y être opposés. Ainsi, l'instruction de ces connaissances philosophiques pourra être administrée dans des ÉCOLES ABSOLUES; mais le mode et sur-tout l'objet de l'enseignement devront y être abandonnés à la liberté des professeurs. De même, les découvertes de ces connaissances philosophiques, dans les sciences et dans la philosophie, pourront être encouragées par les gouvernemens; mais elles ne pourront être ni constatées, ni censurées, ni repoussées par des corps savans ou par d'autres commissions politiques. Les vérités philosophiques devenant le but suprême de l'humanité, le terme de toute sa tendance, deviennent la propriété de l'humanité tout entière; et par conséquent, les découvertes dans cet ordre supérieur de vérités, ne peuvent être ni reconnues ni désavouées par les corps savans d'aucun gouvernement, parce que leur autorité se trouve ici manifestement incompétente. Il faudra, en effet, le concours de l'humanité entière pour prononcer sur la validité ou sur la non-validité des découvertes philosophiques, tant dans les sciences que dans la philosophie elle-même. Et, par-là même, l'humanité entière pourra seule récompenser dignement ces découvertes, en proclamant IMMORTELS dans sa mémoire, et en plaçant au rang suprême des Osiris, des Brama, des Zoroastre, des Moïse, des Thalès, etc., ceux qui, par leurs veilles utiles, contribueront ainsi au bien absolu de la Terre.

Telles seront, à peu près, les bases principales sur lesquelles s'établira le développement de la première période de l'ère de l'Absolu. — Tout est ici clair, précis et déterminé, parce que la réalité de l'Absolu, qui dominera scientifiquement dans cette première période, peut déjà, dans l'état actuel de l'humanité, être sentie vivement et supposée avec une conscience suffisante. Il n'en est pas de même de la seconde période de cette ère nouvelle, dans laquelle doit s'achever le développement de l'espèce humaine, pour atteindre ainsi aux grandes destinées de la Terre. A peine osons-nous en suivre les traits principaux que nous allons retracer.

Dans cette seconde et dernière période du développement de l'humanité, l'Absolu lui-même, la Vérité éternelle, arrachée au néant, étant devenu un objet du savoir humain, régira nécessairement les actions des hommes, et les constituera même actions péremptoires de nos destinées éternelles. Alors, en effet, l'humanité sera parvenue à la dignité infinie d'une existence propre : elle anticipera, sur la Terre, la vie impérissable qu'elle doit se donner ; son immortalité sera établie par elle-même ; les principes de sa réalité seront son propre ouvrage ; et nulle

atteinte ne pourra altérer cette œuvre absolue: Le voile d'Isis
sera déchiré, et l'inscription de son temple de Saïs

Ἐγώ εἰμι πᾶν τὸ γεγονὸς, καὶ ὂν, καὶ ἐσόμενον
Καὶ τὸν ἐμὸν πέπλον οὐδείς πω Θνητὸς ἀπεκάλυψεν.

sera effacée. — Dans cet ordre d'élévation de l'esprit humain, il
faudra dépasser les bornes du Monde actuel, s'affranchir des
conditions du temps et de l'espace, et remonter à l'origine
absolue de toute réalité, où nulle chose n'existe encore. Et, con-
sidérant cette absence originaire de réalité, cette dernière période pourra être qualifiée du nom d'ACHRÉMATISME.

Essayons d'apercevoir au moins quelques bases principales de
l'ordre public dans cette période sublime, qui, quoique idéale,
n'en est pas moins indispensable pour donner, dès aujourd'hui,
une réalité absolue à l'existence de l'humanité, en lui fixant un
terme digne de la tendance infinie de sa raison, qui seul peut
légitimer et soutenir ainsi cette précaire existence.

D'abord, la Vérité absolue étant reconnue, le but suprème
des actions humaines se réduira alors au développement indéfini
de cette Vérité, afin de découvrir les principes, les progrès, et
les résultats définitifs de la création, sur notre globe, dans notre
système solaire, et dans toute l'immensité de l'Univers. — Toutes
les substances, brutes et organisées ; toutes les causes, méca-
niques et libres ; et généralement tous les êtres, inanimés, vivans,
raisonnables, considérés dans leur quantité, dans leur qualité, et
jusque dans leur individualité, devront être déduits de ce principe premier, de la Vérité absolue. Et cette sublime déduction,
mettant les hommes en présence de l'Eternel, pour l'accompa-
gner dans la création, laissera même, par son principe tout-
puissant, par l'Absolu, pénétrer jusque dans l'intime essence du
Créateur ; dernière et infinie récompense de tant de travaux,
dernier et inappréciable bienfait de la création. Alors, l'homme
reconnaissant, en se rendant propre son sentiment par son savoir

absolu, pourra dignement louer Dieu, l'adorer avec pureté, sans intérêt ultérieur, et se donner ainsi lui-même la béatitude éternelle, que nous n'avons encore ni les moyens de décrire, ni même la faculté de concevoir.

Ensuite, pour ce qui concerne les buts subordonnés des actions humaines, dépendans des conditions physiques auxquelles l'humanité reste enchaînée dans cette vie, leur importance, qui, dans l'origine du développement de notre espèce, était au premier rang, cessera, pour ainsi dire, entièrement dans cette dernière période; parce que le bien prédominera généralement, le mal sera abhorré, et l'ordre nécessaire s'établira par lui-même. Toutefois, une garantie suprème de cet ordre social spontané sera nécessaire pour l'accomplir; et la voici. — Les hommes distingués de toutes les nations, descendant sur-tout des anciens séhéliens, et qui seront parvenus au terme sublime, au but absolu dominant dans cette dernière période, se réuniront dans une terre sainte, dans l'Egypte peut-être, ce berceau des idées divines, pour y constituer un CONSEIL SACRÉ et une force correspondante, afin de diriger et de rétablir, par une raison infaillible et par une puissance irrésistible, l'ordre public sur le reste du globe terrestre, dans toutes les ramifications des relations sociales. Une justice inviolable présidera nécessairement à cette influence sacrée; parce que le bien, l'éternel bien pourra seul intéresser la raison absolue de ces êtres privilégiés. — Alors seulement, les droits des hommes et des nations pourront être exercés dans toute leur plénitude, parce qu'il ne sera plus nécessaire de les sacrifier à des considérations plus pressantes qui intéressent le sort absolu de l'humanité, comme dans la première période de cette ère de l'Absolu; alors seulement, l'autorité souveraine cessera d'être absolue, et ne sera plus établie que par un contrat social stipulé avec les membres des Etats, parce qu'il existera une garantie supérieure de l'exécution de ce contrat; alors enfin, les Etats indépendans pourront stipuler une fédération péremptoire, et réaliser ainsi l'idéal d'une paix éternelle, parce qu'il existera une garantie supérieure de cette fédération et de cette paix éternelle.

———

Tel est, suivant des principes scientifiques rigoureux, et non suivant des jeux de l'imagination, l'avenir brillant et nécessaire de notre noble espèce. — Ces principes scientifiques, et leur développement méthodique et systématique, constituent l'objet d'une nouvelle doctrine. Il faut en attendre la publication, pour pouvoir raisonnablement prononcer sur cette importante question. En effet, pour faire concevoir, dans l'état actuel de nos lumières, l'impossibilité de dire quelque chose de raisonnable sur cette question, sur-tout dans un sens contraire à ce que nous venons d'apprendre, le lecteur est invité formellement ou

1°. à légitimer le dernier but suprème, celui qui, dans ce moment encore, est le terme vers lequel tendent toutes les actions humaines; ou

2°. à fixer un nouveau but suprème à ces actions, différent de celui que nous venons de signaler pour l'avenir.

Après quelques efforts inutiles, le lecteur s'apercevra facilement de l'impossibilité où l'on est, dans l'état actuel des lumières, de prononcer, D'UNE MANIÈRE RAISONNABLE, sur cette grande question. Il est d'ailleurs manifeste qu'ici l'argument se réduit aux deux points que nous venons de poser: car, ne pas admettre de but aux actions humaines, ce serait méconnaître jusqu'à la faculté de se déterminer, prérogative fondamentale des êtres libres; et admettre plusieurs buts distincts, sans lien, sans unité, sans subordination à un but suprème, ce serait méconnaître jusqu'à l'unité de la conscience, condition fondamentale des êtres raisonnables.

Or, d'une part, le but suprème qui, depuis la Réformation, a dominé jusqu'à ce jour, et qui domine encore, dans
toute son élévation, partout où n'a pas pénétré la grande
révolution philosophique dont nous avons parlé plus haut,
consiste notoirement dans la certitude purement relative de
notre savoir, dans celle qui dépend de notre existence actuelle sous les conditions du temps et de l'espace, ou bien,
ce qui est la même chose, il consiste dans la pure réalité
matérielle ou physique. Et, comme tel, ce but ne peut plus
être légitimé depuis qu'il est reconnu que la loi de causalité,
la relation des causes et des effets, sur laquelle précisément
et exclusivement se trouve fondée cette réalité matérielle ou
cette certitude purement physique, depuis, disons-nous, qu'il est
reconnu que cette base, cette loi de causalité, n'a elle-même
aucun fondement; parce que, pour être vraie ou assurée, du
moins relativement, pour être réelle, du moins matériellement,
cette loi devrait à son tour être reconnue PAR L'EXPÉRIENCE,
qui, comme nous venons de le remarquer, ne peut être fondée
précisément que sur cette même loi de causalité; ce qui forme
un cercle logique vicieux, lequel prive tout-à-coup cette
prétendue réalité matérielle ou physique dè toute réalité quelconque, en la rendant un simple jeu de notre savoir. De
l'autre part, la réalité absolue qui, avant la Réformation,
depuis l'établissement du christianisme, a dominé comme but
suprème des actions humaines, et qui s'est conservée avec
plus ou moins d'intensité dans l'église grecque et sur-tout dans
la catholicité, n'est, jusqu'à ce jour, même après sa reproduction en quelque sorte scientifique par suite de la dernière
réforme philosophique, n'est encore, disons-nous, qu'un
objet du sentiment; et elle ne peut, par conséquent, soutenir
aucune critique du savoir, ni recevoir aucune certitude quelconque, aucun caractère objectif, intellectuel ou démontré,
vers lequel précisément se trouve dirigée toute l'impulsion de

l'humanité, au point où elle est parvenue ; et cela, en vertu même de la tendance résultant dans l'homme de ce sentiment de l'Absolu. — Ainsi, par une conséquence immédiate, nul fondement solide et inébranlable, ou même, suivant la tendance prononcée de l'humanité vers la certitude, nul fondement quelconque n'existe dans ce moment pour l'établissement définitif et péremptoire de l'ordre social. Et de-là viennent ces discussions interminables et scandaleuses sur les constitutions politiques, sur les relations diplomatiques, et sur l'autorité religieuse : les uns, ne reconnaissant que la réalité matérielle, et ramenant ainsi toutes les destinées de l'humanité à son existence actuelle ou physique, s'efforcent en vain de prouver leurs assertions, parce qu'ils n'ont AUCUN PRINCIPE pour déduire leurs prétendues preuves ; et les autres, pressentant ou, si l'on veut, sentant déjà la réalité absolue, et cherchant ainsi les destinées de l'humanité dans son existence absolue ou éternelle, ne peuvent satisfaire la raison, parce qu'ils ne peuvent NULLEMENT PROUVER leurs assertions.

Tel est, avec évidence, l'état périlleux où se trouve, dans le moment présent, la partie civilisée de notre globe ; et la seule voie, ce nous semble, pour sortir de cet état, et pour en éviter les imminentes suites désastreuses, c'est de fixer insensiblement aux actions humaines un nouveau but suprème, fondé sur la réalisation scientifique de l'Absolu, comme objet du savoir, et consistant dans la RECHERCHE DE LA VÉRITÉ, et de subordonner à ce but suprème toutes les autres actions humaines. — C'est là l'objet de la doctrine nouvelle dont il s'agit, et qui, par un fatal évènement, est déjà annoncée ailleurs sous le titre de

Création absolue de l'humanité ;

et c'est aussi le véritable objet de l'ouvrage que nous annonçons ici sous le titre de

Sphinx, ou Nomothétique séhélienne.

Une telle doctrine ne peut s'établir tout-à-coup : il faut en discuter toutes les parties avec le public, afin de détruire les préjugés, de combattre les erreurs, de lever les objections, et d'expliquer les difficultés. — C'est pourquoi le Sphinx, s'il reçoit l'autorisation politique, présentera dans des sections séparées, les parties consécutives de cette doctrine sur la Création absolue de l'humanité : il aura ainsi deux objets ; l'un positif, la production de cette doctrine nouvelle ; l'autre négatif, la destruction des obstacles qui pourraient s'opposer à son établissement.

Pour rendre cet ouvrage plus généralement utile, les questions purement scientifiques seront détachées et traitées dans des *Bulletins de sciences* placés à la fin des sections. — L'époque de la publication sera annoncée.

Pour compléter cette Introduction, il nous reste à présenter un résultat positif, un extrait de la doctrine nouvelle que nous devons établir. — Avant tout, il faut savoir que cette doctrine sur la Création propre de l'humanité, se compose des parties distinctes qui sont déduites dans le tableau architectonique suivant :

A) Principes spéculatifs. — Développement de l'humanité.

    a) Jusqu'à l'ère de l'Absolu. — PHILOSOPHIE DE L'HISTOIRE.

    b) Dans l'ère de l'Absolu

        α) Première période ; réalité de l'Absolu. — SÉHÉLISME. (*)

        β) Seconde période ; Absolu lui-même. — ACHRÉMATISME.

(*) Il ne faut pas confondre les deux dénominations de *séhélisme* et de *séhélianisme* : la première désigne la doctrine générale de la première période de l'ère de l'Absolu ; la seconde ne désigne que la religion de conviction, qui, dans cette première période, couronnera le christianisme.

B) Règles pratiques. — Constitution de l'humanité.

   a) Jusqu'à l'ère de l'Absolu. — LÉGISLATIONS ANCIENNES.

   b) Dans l'ère de l'Absolu.

      α) Première période ; réalité de l'Absolu. —
        LÉGISLATION SÉHÉLIENNE.

      β) Seconde période ; Absolu lui-même. —
        LÉGISLATION ACHRÉMATIQUE.

La première de ces parties ou branches distinctes, da Philosophie de l'histoire, qui n'est en quelque sorte qu'une introduction à cette doctrine, doit, suivant les quatre grands buts que nous avons signalés au commencement de cet opuscule (p. 6), déduire le développement de l'espèce humaine dans les quatre périodes dans lesquelles ces buts ont dominé successivement avant l'ère de l'Absolu. La seconde partie, le Séhélisme, doit, suivant la réalité objective ou reconnue de l'Absolu, déduire le développement de l'humanité dans la première période de l'ère nouvelle. La troisième partie, l'Achrématisme, devrait, suivant la Vérité absolue elle-même, déduire le développement de l'espèce humaine dans la dernière période de cette ère; mais, la connaissance de l'Absolu n'existant pas encore, la Vérité suprème n'étant pas encore découverte, toute cette dernière période ne pourra qu'être entrevue d'une manière vague et conjecturale, et non prévue réellement d'une manière déterminée et certaine, comme la première période, dans laquelle nous allons entrer, précisément pour la recherche de la Vérité suprème. — Quant aux parties pratiques de cette doctrine, les Législations anciennes, toutes celles qui ont existé jusqu'à l'ère de l'Absolu, seront déduites suivant les principes ou les buts qui ont dominé dans les quatre grandes périodes, dans lesquelles l'espèce humaine s'est développée jusqu'à ce jour; et, de même, les Législations nouvelles, et particulièrement la Législation séhélienne, car la Législation achrématique ne pourra qu'être conjecturée, par la raison que nous venons d'alléguer, seront déduites suivant les principes ou les buts qui domineront dans l'ère de l'Absolu.

Or, pour présenter une utilité de ces principes nouveaux, et spécialement des règles de la Législation séhélienne, qui dorénavant doit régir les relations. sociales, on peut, dans cette doctrine, les appliquer aux principales circonstances des relations sociales de nos jours. Ces circonstances reçoivent ainsi, sous ce point de vue absolu, des déterminations nouvelles ; et, par la justesse et la finalité de ces déterminations, on peut juger de la vérité de ces principes. Ainsi, par exemple, les règles de la Législation séhélienne se trouvant appliquées aux principales circonstances de l'état actuel de la France, donnent des résultats remarquables.

Ce sont ces résultats positifs que nous allons présenter comme extrait de la doctrine sur la Création propre de l'humanité. — Mais, tout en affirmant la rigueur scientifique de ces résultats, que l'on reconnaîtra lorsque la doctrine sera développée. nous prions le lecteur de n'y voir absolument qu'un exercice logique de cette doctrine nouvelle, et non un projet politique dont nous proposerions l'accomplissement.

LA FRANCE

CONSIDÉRÉE SUIVANT LES PRINCIPES DE LA DOCTRINE NOUVELLE.

1. Si la légalité juridique des actions humaines était l'essence même de l'Absolu, et que nous en eussions la conviction, l'obtention parfaite de cette légalité, ou la garantie absolue des DROITS DE L'HOMME, serait sans contredit le principal but et même le suprème devoir de l'humanité.

2. Mais, si la nécessité attachée à cette légalité juridique, à cette garantie des droits de l'homme, n'était qu'une manifestation conditionnelle de l'Absolu, et qu'il existât réellement un autre DEVOIR SUPRÊME dont l'exercice pût porter quelque atteinte à la légalité juridique, il faudrait subordonner cette dernière à l'exercice nécessaire du véritable devoir suprème ; sur-tout lorsque cet exercice devrait conduire à la garantie future absolue de cette égalité juridique ou des droits de l'homme.

3. Cette antinomie politique (1) et (2), est l'unique principe des deux tendances opposées dont les forces, suivant les degrés respectifs de leur intensité, ont agi dans la révolution française.

4. Les républicains regardaient la garantie des droits de l'homme (1), comme le but principal et le devoir suprème de l'humanité. Et les royalistes, pressentant un autre but final et par conséquent un autre devoir suprème de l'humanité (2), regardaient l'autorité souveraine absolue comme nécessaire ; quand même il aurait dû en résulter quelque atteinte aux droits de l'homme, pourvu que cette autorité absolue nous conduisît à notre véritable but final.

5. En admettant la recherche de la Vérité pour but suprème

des actions humaines ; comme on le fera dans la première période de l'ère de l'Absolu, on verra que la dernière des deux opinions que nous venons de signaler (4), celle des royalistes, est seule vraie, et par conséquent seule légale.

6. Mais, en admettant le but dominant de nos jours, celui de la réalité physique dépendante de notre existence actuelle, réalité dans laquelle se trouvent impliqués intimement les droits de l'homme, on verra que la première des deux opinions susdites (4), celle des républicains, paraissait également vraie et légale ; d'autant plus qu'elle rentre d'ailleurs dans le but final de l'humanité.

7. Ainsi, l'opinion des royalistes était fondée sur le pressentiment de ce qui DOIT ÊTRE ; et l'opinion des républicains était fondée sur la connaissance de ce qui ÉTAIT RÉELLEMENT. — C'est donc de ce point de vue absolu qu'il faut juger les circonstances politiques de la révolution française.

8. Sous ce point de vue, l'opinion des royalistes était éminemment légale, parce qu'elle était conforme à la tendance absolue de l'humanité ; et l'opinion des républicains ne paraissait pas non plus illégale, parce qu'elle était conforme à l'état réel de l'humanité. Bien plus, les droits de l'homme portent déjà en eux-mêmes un caractère absolu ; de sorte que la nécessité de la garantie absolue de ces droits, paraissait même légitimer l'opinion des républicains (*).

9. L'opinion des royalistes était donc légale, parce que, avant la connaissance positive de la réalité de l'Absolu, de cette source de toute légalité, le pressentiment de l'Absolu, sur lequel seul se trouvait fondée cette opinion, tenait provisoirement lieu de la connaissance même de cette réalité de l'Absolu. Et réciproquement, l'opinion des républicains ne pouvait être considérée comme illégale, parce que ce simple pressentiment de l'Absolu,

---

(*) Et de-là précisément venait leur enthousiasme.

n'étant pas un objet du savoir, ne pouvait être déduit juridiquement, ni par conséquent érigé en loi positive.

10. De ces principes absolus résultent, dans les circonstances politiques de la révolution française, les déterminations juridiques suivantes.

11. L'insurrection du peuple français, la destruction des ordres de la Noblesse et du Clergé, le bouleversement des lois constitutionnelles et l'abolition de la royauté, ne sauraient, au tribunal des hommes, être imputés à la nation comme crimes, parce qu'alors on ignorait l'illégalité de ces funestes mesures.

12. Même l'horrible régicide, commis sur la personne de Louis XVI, ne peut, devant le tribunal des hommes, être imputé comme crime aux malheureux qui l'ont voté; parce que, dans l'ignorance que nous venons d'alléguer (11), ils croyaient en avoir reçu le pouvoir légal du peuple, que l'on considérait comme souverain.

13. Néanmoins, s'étant chargés de l'exécution de ce prétendu pouvoir souverain, ces votans devenaient responsables de la dissolution de l'Etat qui en résultait; et ils devaient, après la reconstitution de l'Etat, subir la peine parallèle aux suites de cette dissolution politique qu'ils ont opérée, c'est-à-dire, la privation de toute sûreté sociale, la mise hors de la loi.

14. Cette position affreuse des votans du régicide, devenait une espèce d'expiation de l'ignorance volontaire dans laquelle l'Europe est demeurée plongée, sur-tout en se plaisant dans les doctrines perverses qui la retenaient dans l'erreur. Nous devons donc plaindre et peut-être même respecter ces victimes de la justice éternelle.

15. Mais, si l'on ne peut généralement accuser de crime les hommes qui ont agi pour et dans la révolution française, encore moins peut-on en accuser ceux qui ont agi contre cette révolution, en soutenant la cause du trône.

16. Les uns ne sont à l'abri de l'imputation que parce que le crime n'était pas encore reconnu, et parce que le but qu'ils

voulaient atteindre, leur paraissait être le but absolu de l'humanité. Les autres sont au-dessus de toute imputation, parce que leur conduite est éminemment légale.

17. Ainsi, loin d'avoir été coupables, les Français qui se sont rangés autour du trône, auraient bien mérité de la patrie si, par la voie même des armes, ils eussent empêché la ruine de l'Etat.

18. Mais, n'ayant pu le faire, ils doivent eux, comme leurs adversaires, renoncer à tous les droits publics, à ceux qu'ils avaient dans et par l'existence même de l'Etat, tels qu'emplois, immunités, privilèges, etc.

19. Il n'en est pas de même de leurs propriétés ou possessions privées : celles-ci subsistent, avec des droits provisoires, lors même de l'absence de l'Etat ; car, l'établissement de l'Etat a pour but spécial de transformer ces droits provisoires en droits péremptoires.

20. Donc, les biens privés des émigrés français qui ont défendu la cause du trône, doivent leur être restitués en valeur. — La prétendue confiscation de ces biens n'est point valide ; parce que leurs propriétaires, même en portant les armes contre la France, agissaient légalement (17).

21. Ces biens ne peuvent leur être restitués en nature ; parce que leurs possesseurs actuels les ont acquis légalement, sous une apparence de lois, et à titres onéreux ou présumés tels.

22. Cette dépossession des propriétaires actuels des anciens biens des émigrés, serait une nouvelle injustice, aussi grande que celle du refus d'indemniser les anciens propriétaires.

23. La nation doit donc supporter en masse cette liquidation ou restitution de la valeur des biens privés des émigrés.

24. Elle le doit, parce que cela n'est point impolitique, parce que sur-tout cela est juste, et parce que, en même temps, cette restitution est expiatoire du crime caché dans l'acte de la révolution française.

25. Bien plus, la légalité de la conduite des Français rangés

auprès du trône, devient actuellement, au moment de la transition à l'ère de l'Absolu, tellement manifeste et obligatoire qu'il faut même inculper, de la ruine de l'Etat, ceux dont le devoir était expressément de conserver et de défendre le trône.

26. Ainsi, quelque pénible que puisse être ce sacrifice à la vérité, il faut le dire, l'infortuné et auguste Louis XVI était, non devant les hommes, mais devant Dieu, le premier responsable.

27. La journée du 14 septembre, où le souverain accepta de ses sujets et signa la prétendue constitution, fut l'époque de la dissolution de l'Etat; et cette funeste mesure est l'œuvre de Louis XVI.

28. Cette haute responsabilité est infinie, parce que, comme nous le reconnaissons aujourd'hui, le bien absolu du monde, le développement des vérités éternelles, dépend de l'existence des Etats, qui, avant la garantie que présenteront ces vérités suprêmes, ne peuvent subsister que moyennant l'autorité souveraine absolue; de sorte que la renonciation spontanée à cette autorité, devient un sacrifice du bien absolu et éternel de l'humanité aux intérêts purement relatifs et temporaires d'un peuple.

29. Cette haute responsabilité ne peut être atténuée que par la considération de ce que, dans ce temps, la vérité infaillible que nous venons d'alléguer (28), n'était pas encore établie, et que, suivant une opinion généreuse, mais erronée, Louis XVI ne croyait faire qu'un sacrifice de son autorité personnelle au bien de son peuple.

30. Mais, rien ne pouvait anéantir l'existence du mal, inhérente à l'existence du fait même de cette destruction spontanée de l'autorité absolue, qui entraînait la ruine de l'humanité. La justice éternelle demandait une expiation; et l'horrible journée du 21 janvier a enfin lavé, dans le sang du Roi, la fatale journée du 14 septembre.

31. Une autre culpabilité, plus malheureuse parce qu'elle n'est pas expiée, reste encore à signaler.

32. La Noblesse française, pendant des siècles, avait joui d'immunités et de privilèges, et avait ainsi contracté le devoir de défendre l'existence de l'Etat dont elle avait si long-temps reçu les bienfaits. Et, par le fait, elle a manqué à cette défense.

33. Nous disons *par le fait*, parce que l'on ne peut supposer et encore moins prouver qu'une classe d'hommes si respectable ait eu l'intention ou la maxime de s'écarter de son devoir, et sur-tout d'un devoir si sacré.

34. Mais, la fatalité du fait de ce que le trône a été renversé, doit malheureusement être imputée à cette classe illustre, qui jadis a donné tant de preuves de loyauté et de dévouement. Car, il faut bien, pour reconnaître la justice éternelle, que les Français reconnaissent le crime d'avoir laissé renverser l'Etat ; et alors, qui, parmi eux, doit être chargé de cette responsabilité ?

35. L'ancienne Noblesse française perd ainsi fatalement le DROIT EXCLUSIF de défendre le trône, parce que l'Etat ne peut plus se reposer sur elle exclusivement.

36. Elle doit renoncer à ce droit exclusif, pour apaiser la justice éternelle ; et, précisément par cette expiation spontanée, elle conserve le droit de PARTICIPER encore à la défense du trône de France.

37. Cette défense doit aujourd'hui former un système nouveau. — Un des élémens de ce système est l'ancienne Noblesse, comme nous venons de le voir ; l'autre élément doit être une nouvelle Noblesse formée des hommes qui, avec pureté, se sont distingués dans la révolution.

38. Cette institution d'une nouvelle Noblesse est absolument nécessaire ; parce que l'ancienne Noblesse ne peut plus être exclusivement chargée de la défense du trône, et parce que le

souverain doit, par cet acte solennel, perpétuer l'aveu de ce que, PAR L'INTENTION, la nation française est innocente dans l'acte de la révolution.

39. En effet, l'intention de la nation française était d'obtenir la garantie des droits sacrés de l'homme, et de plus elle regardait cette garantie comme le but final et absolu de l'humanité ; ce qui, sans contredit, est la plus grande pureté dans l'intention humaine.

40. Ainsi, refuser d'honorer cette noble, quoique funeste erreur, en excluant de la défense du trône ceux qui ont été victimes de cette erreur, ce serait outrager l'humanité, et oublier que l'existence même de ce trône n'est nécessaire que dans cette intention du bien absolu du monde.

41. D'ailleurs, l'Europe entière a déjà reconnu publiquement cette pureté de l'intention de la nation française, en traitant avec les divers gouvernemens que cette nation avait adoptés ou tolérés.

42. Et il faut ici bien remarquer que ces négociations ne peuvent s'interpréter autrement ; car, les droits de la maison de Bourbon au trône de France, sont les fondemens mêmes de cet Etat, et ne peuvent conséquemment périr qu'avec l'Etat lui-même.

43. De-là (41) et (42) vient aussi que Louis XVIII a le droit réel de dater l'origine de son règne depuis la mort de son prédécesseur, et que cette formalité juridique peut subsister à côté des traités que l'Europe a conclus avec la France durant la révolution.

Les raisons qui avaient porté l'auteur de cet ouvrage à suspendre la publication de ses travaux, n'existent plus.

ERRATA.

Page 20, ligne 18, *aux*, *lisez* les.

www.ingramcontent.com/pod-product-compliance
Ingram Content Group UK Ltd.
Pitfield, Milton Keynes, MK11 3LW, UK
UKHW021024120726
13693UKWH00005B/2193